I0478452

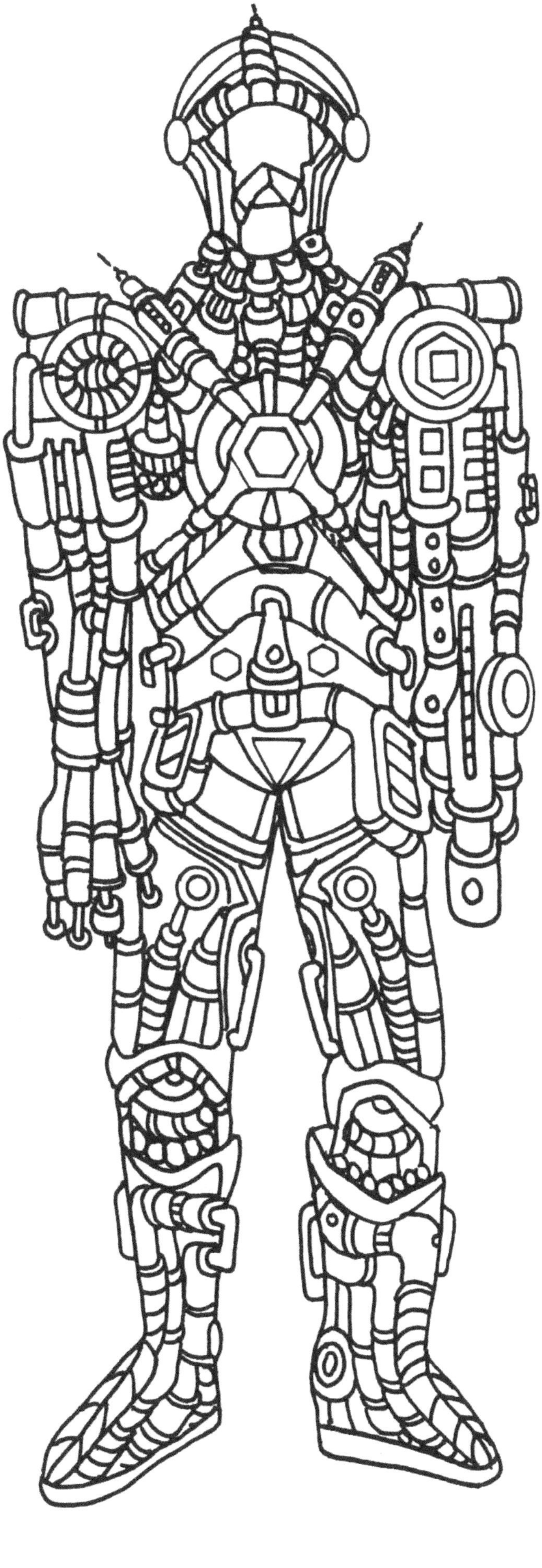

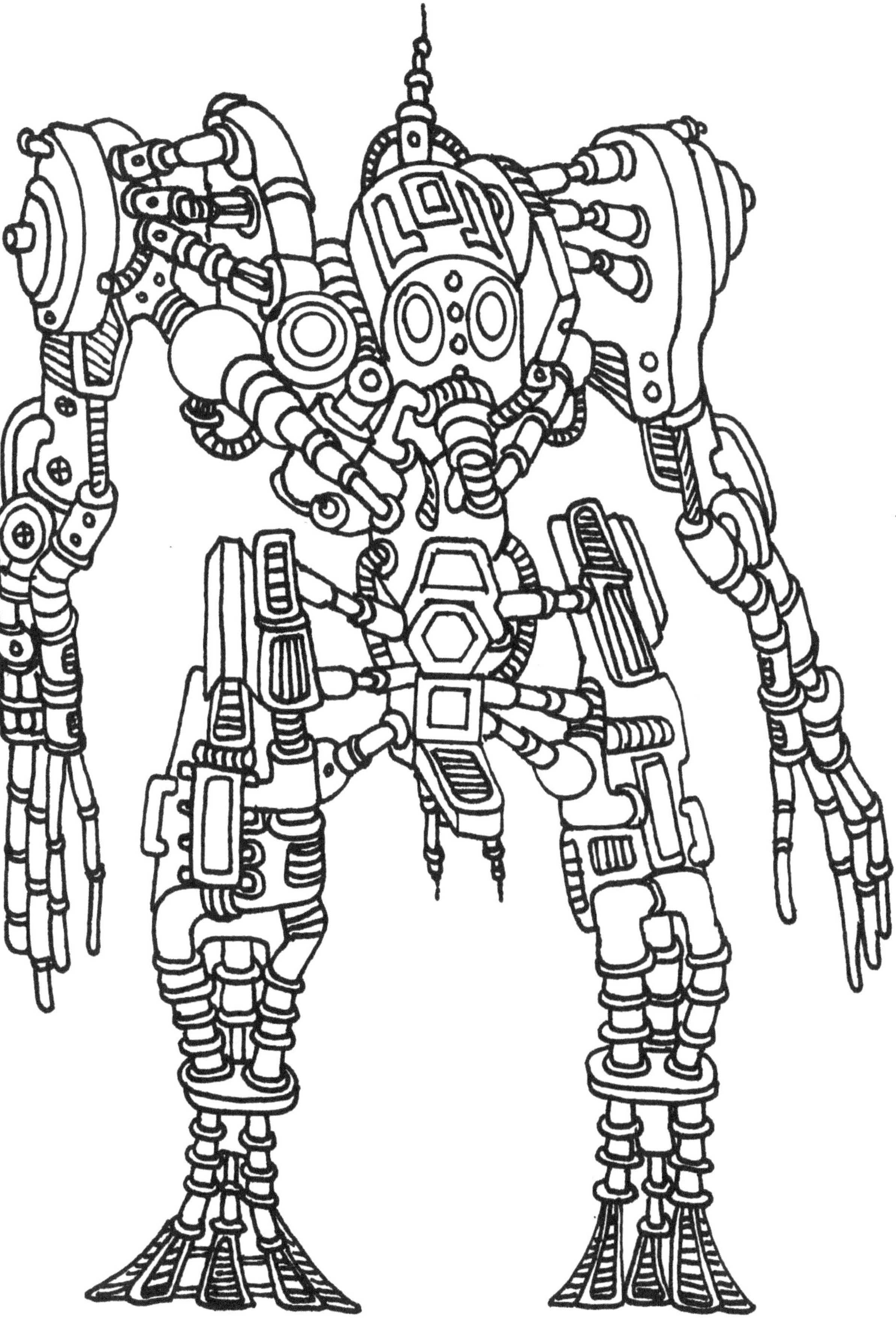

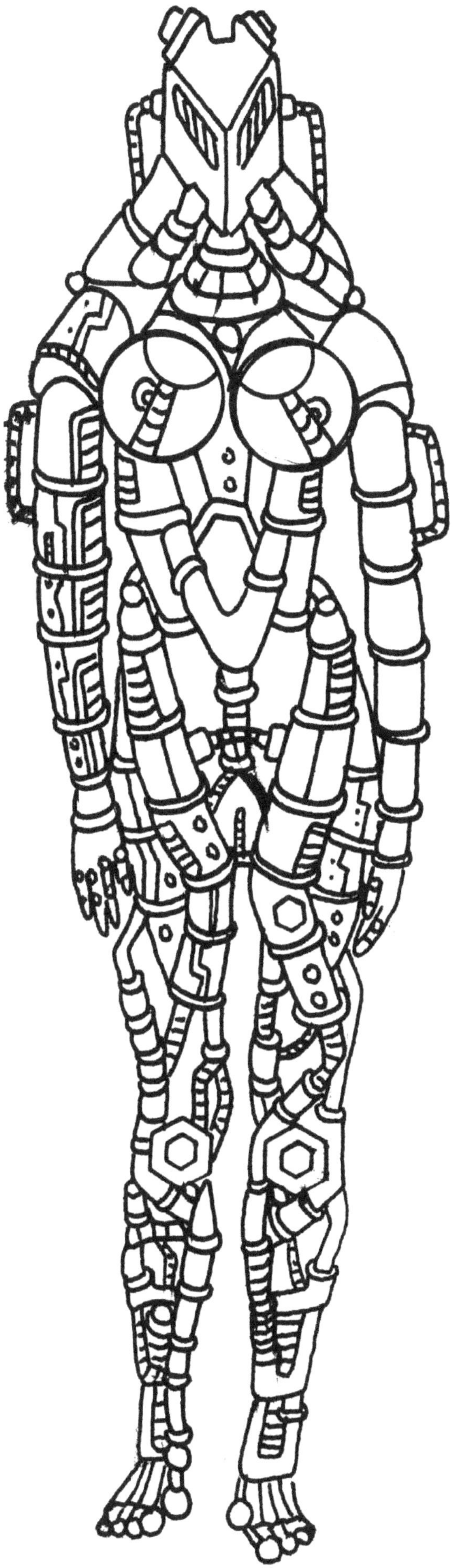

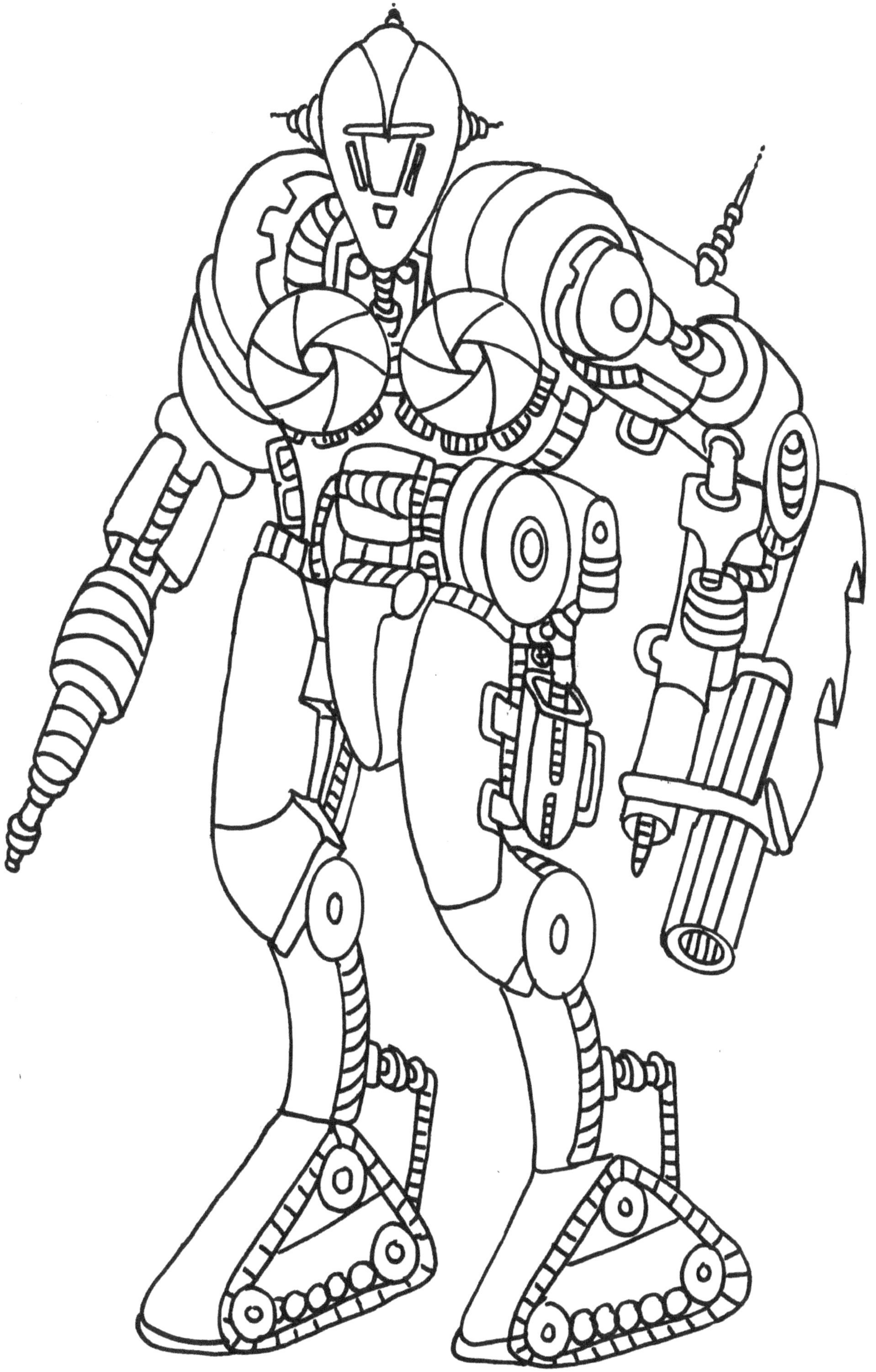

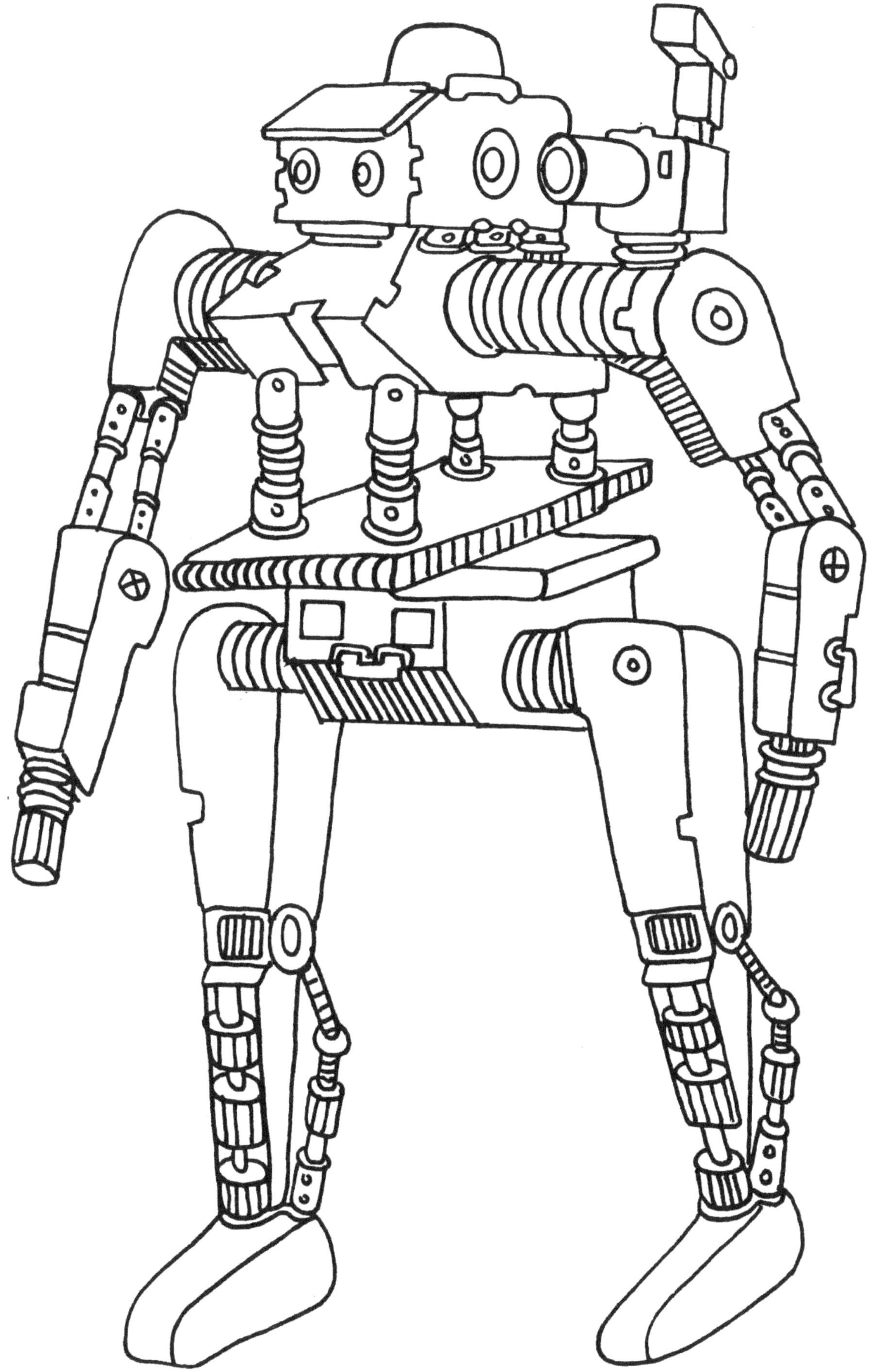

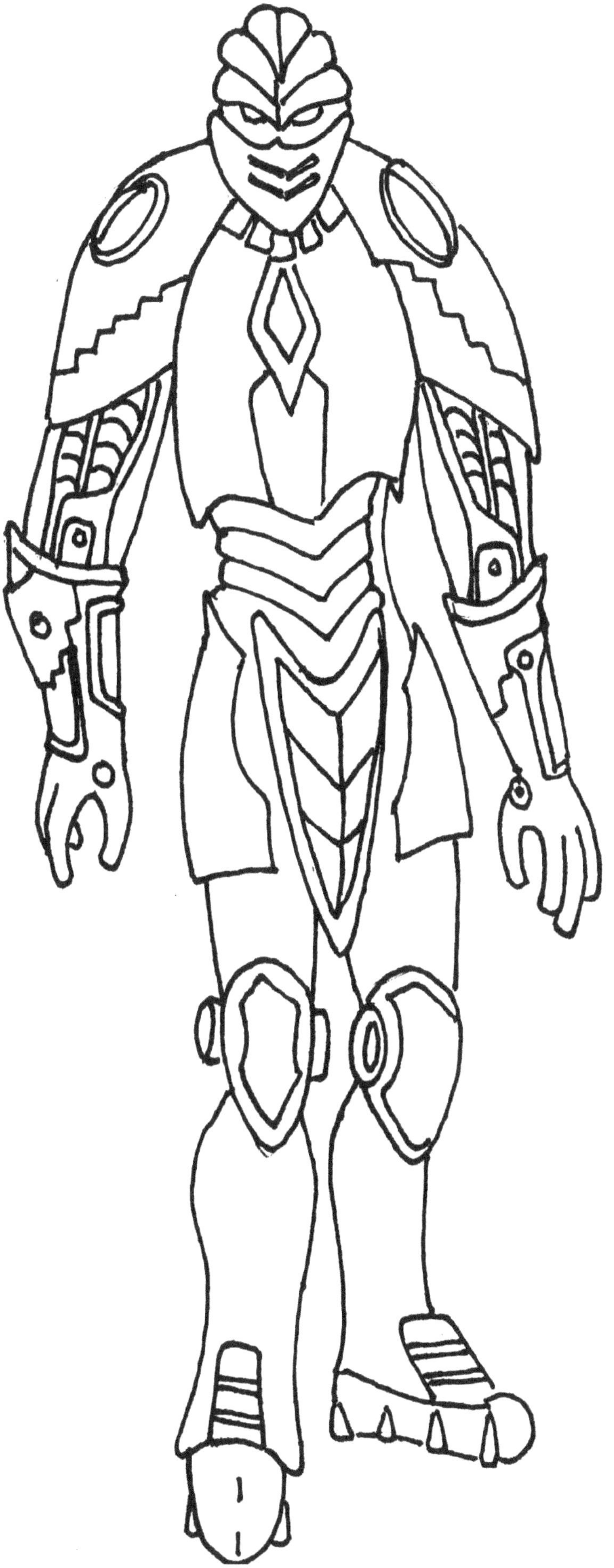

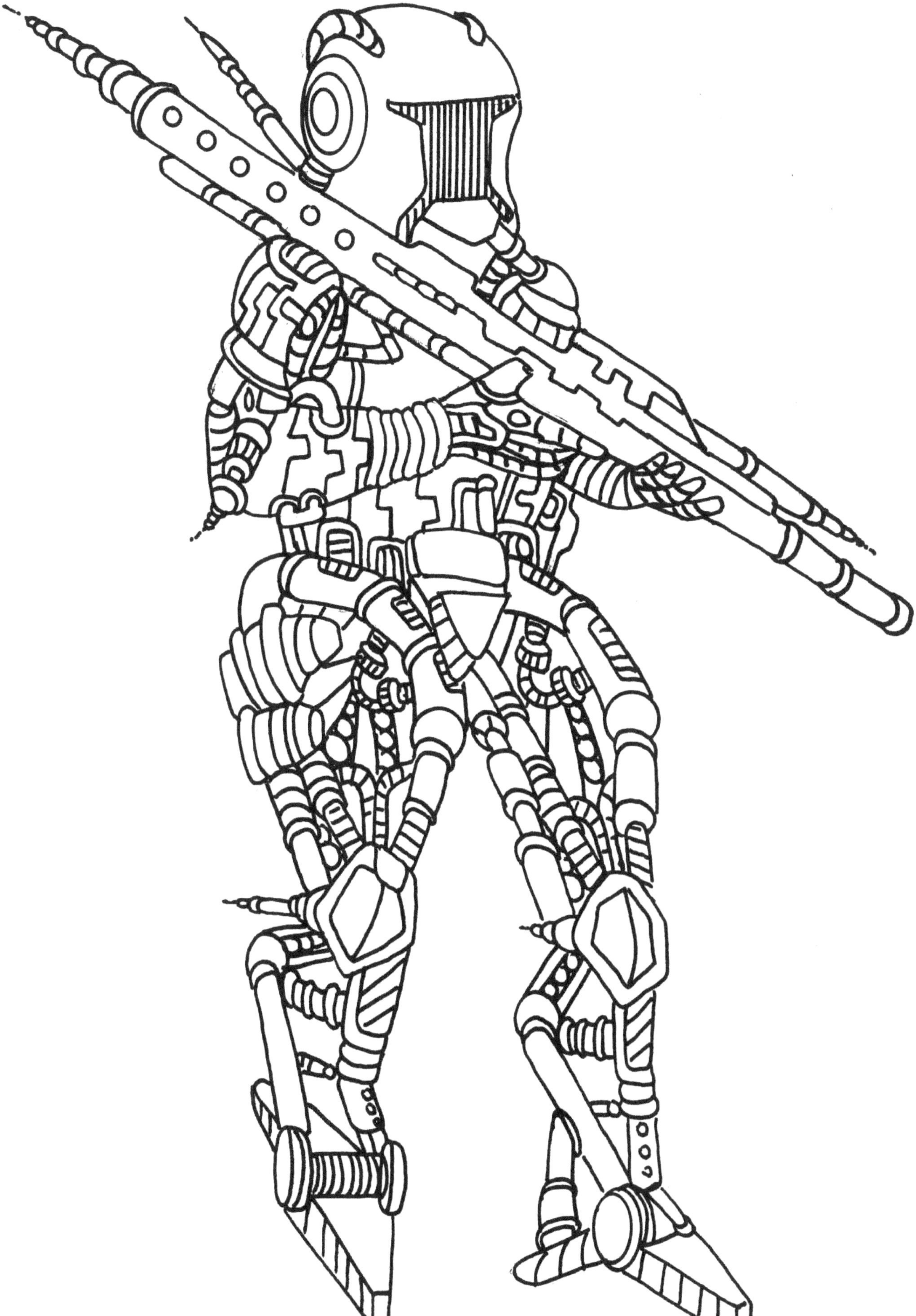

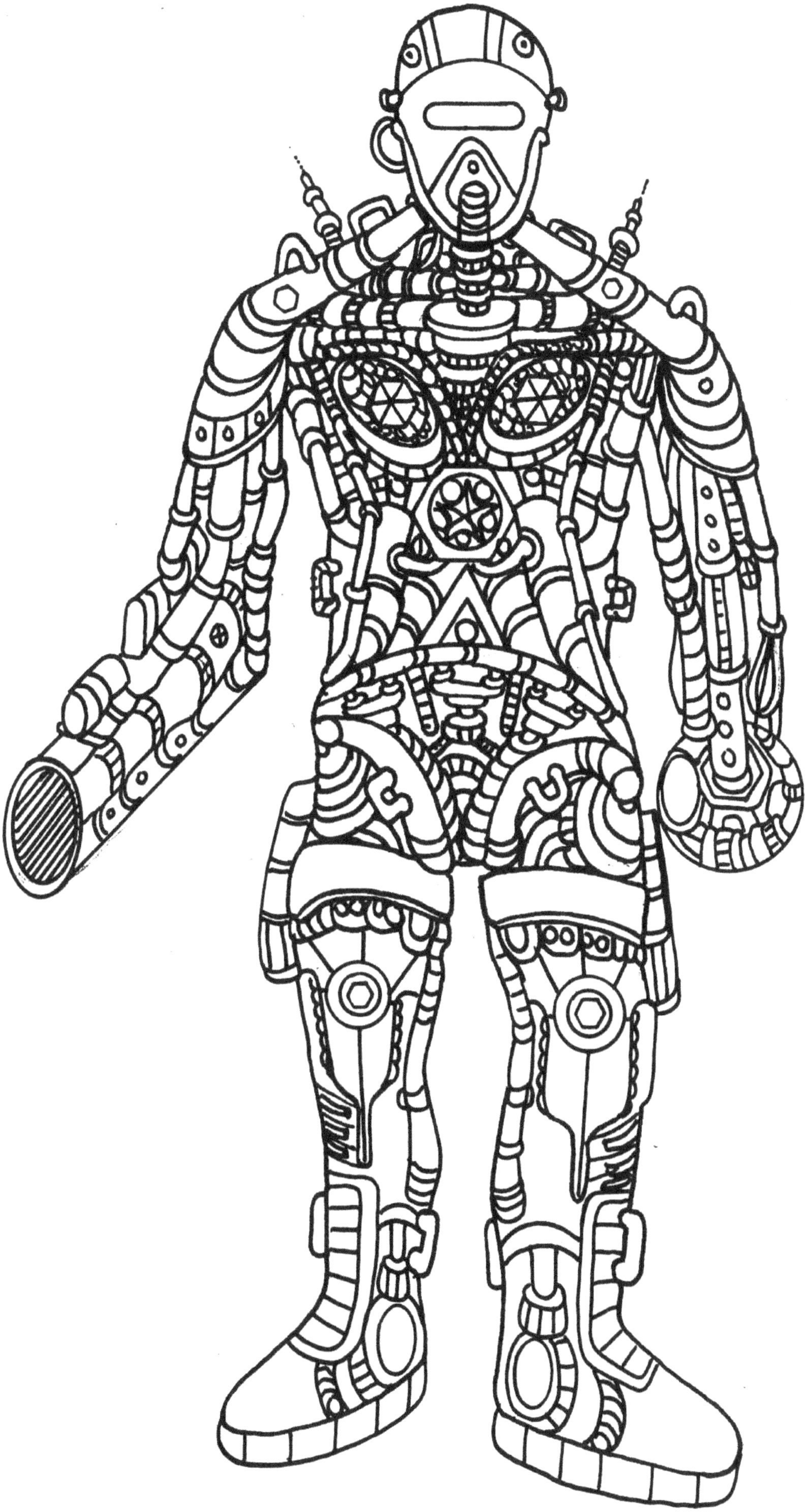

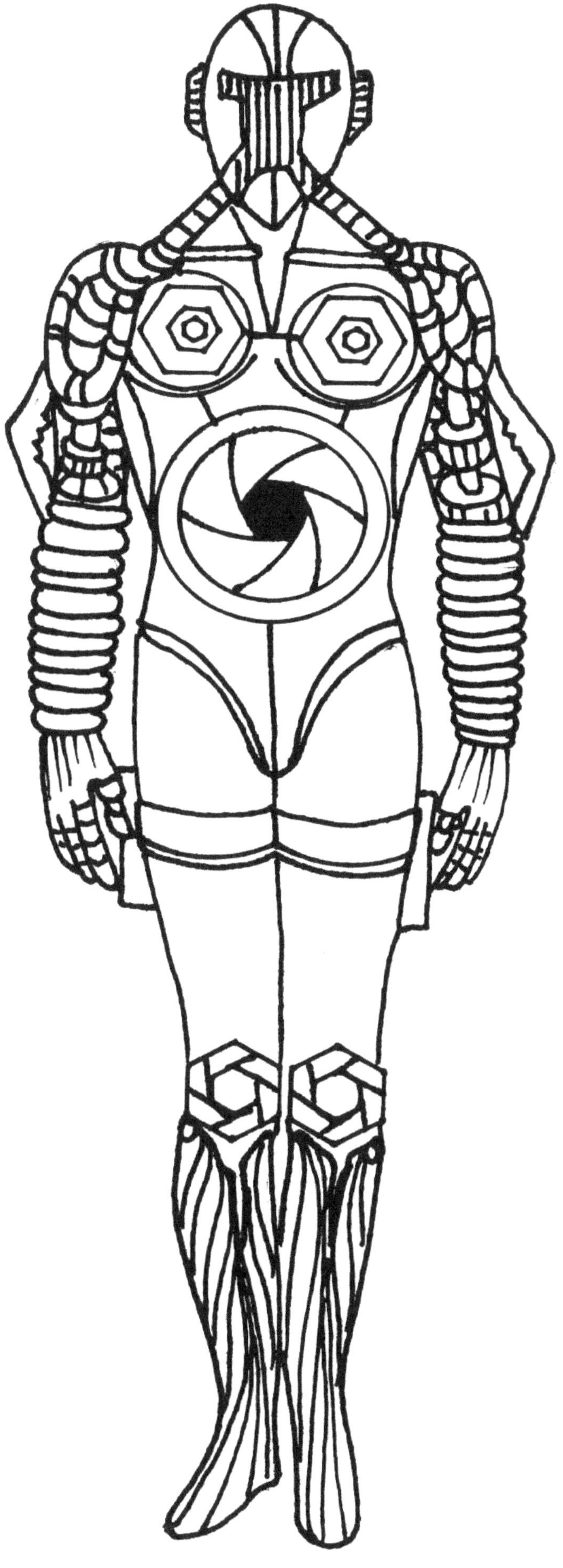

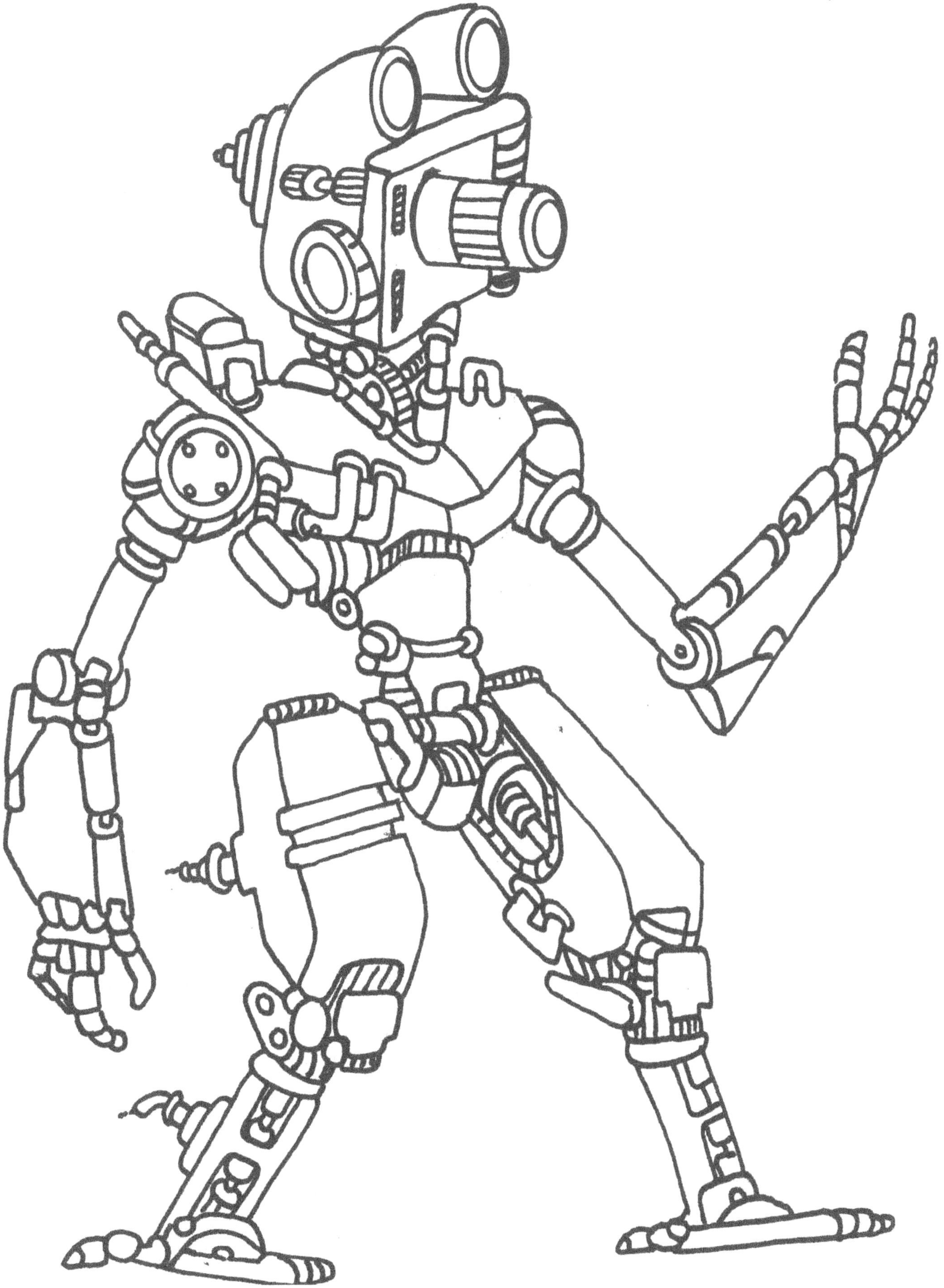

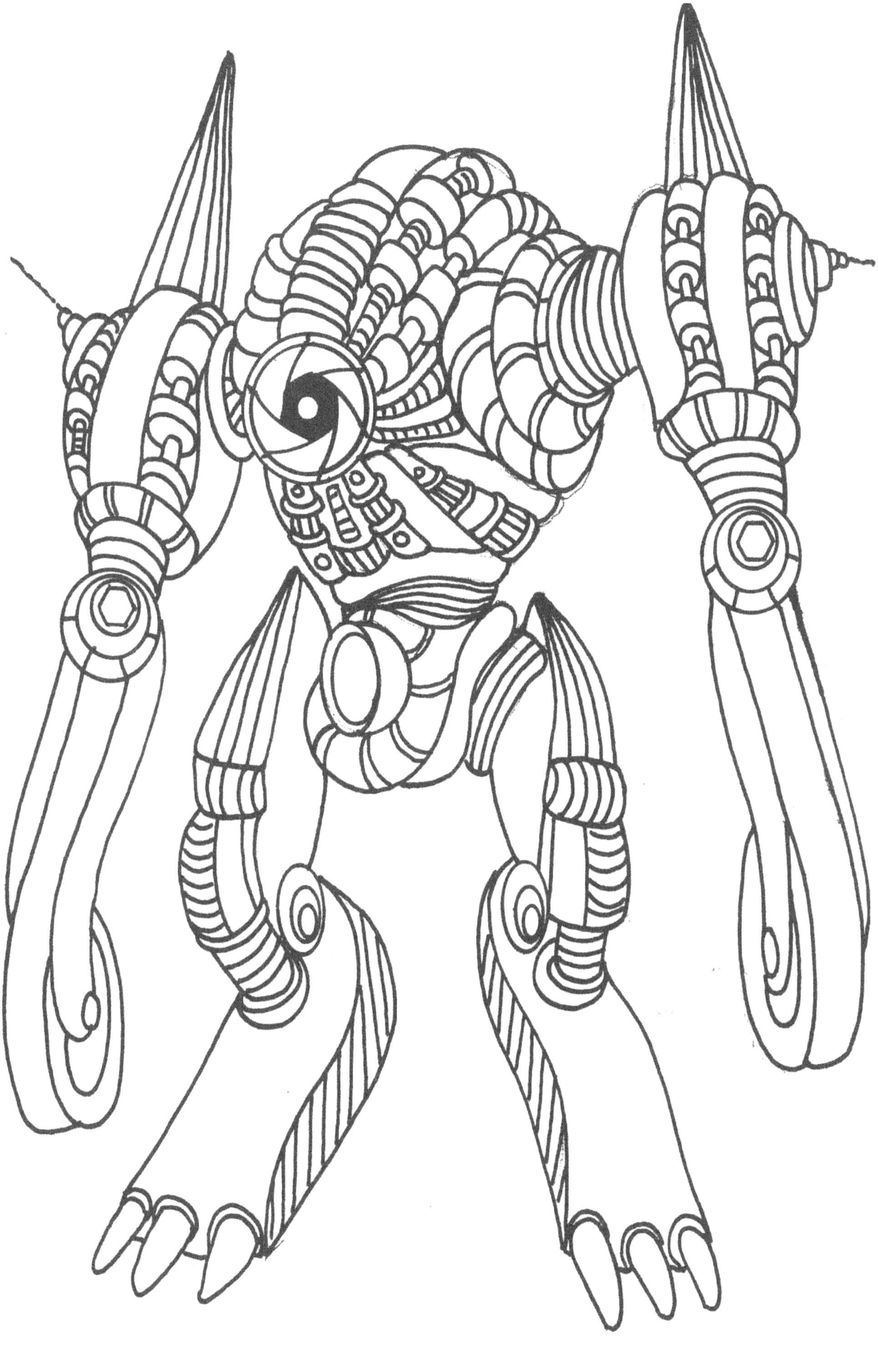

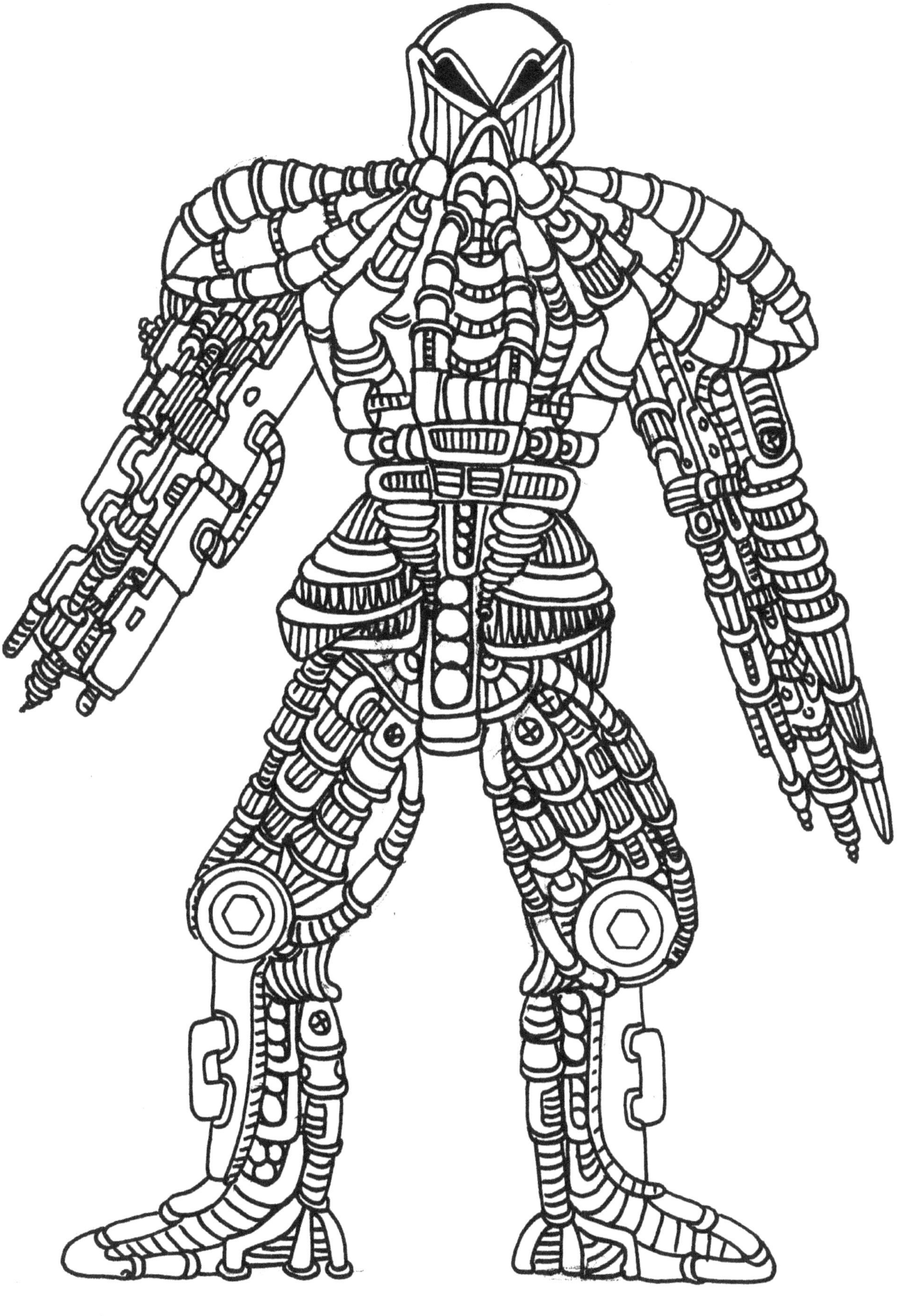

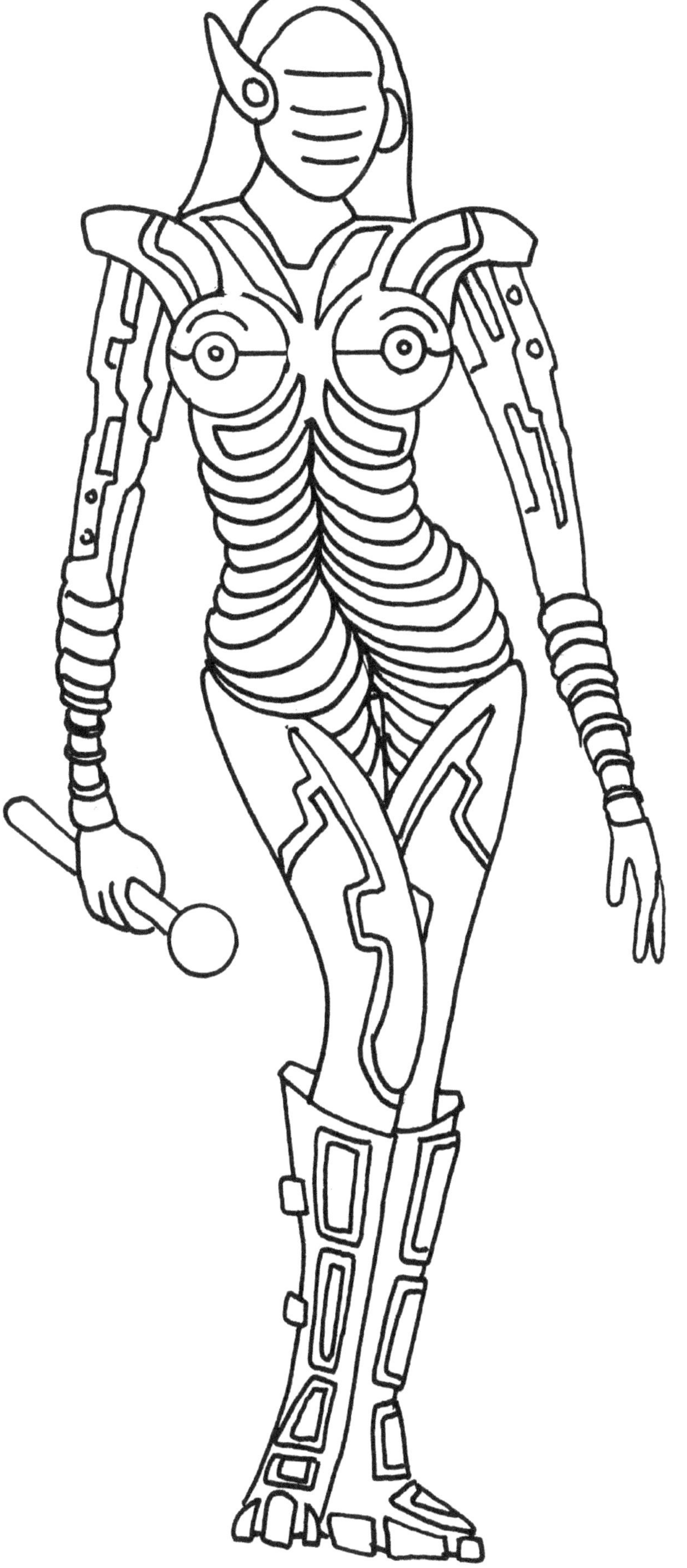

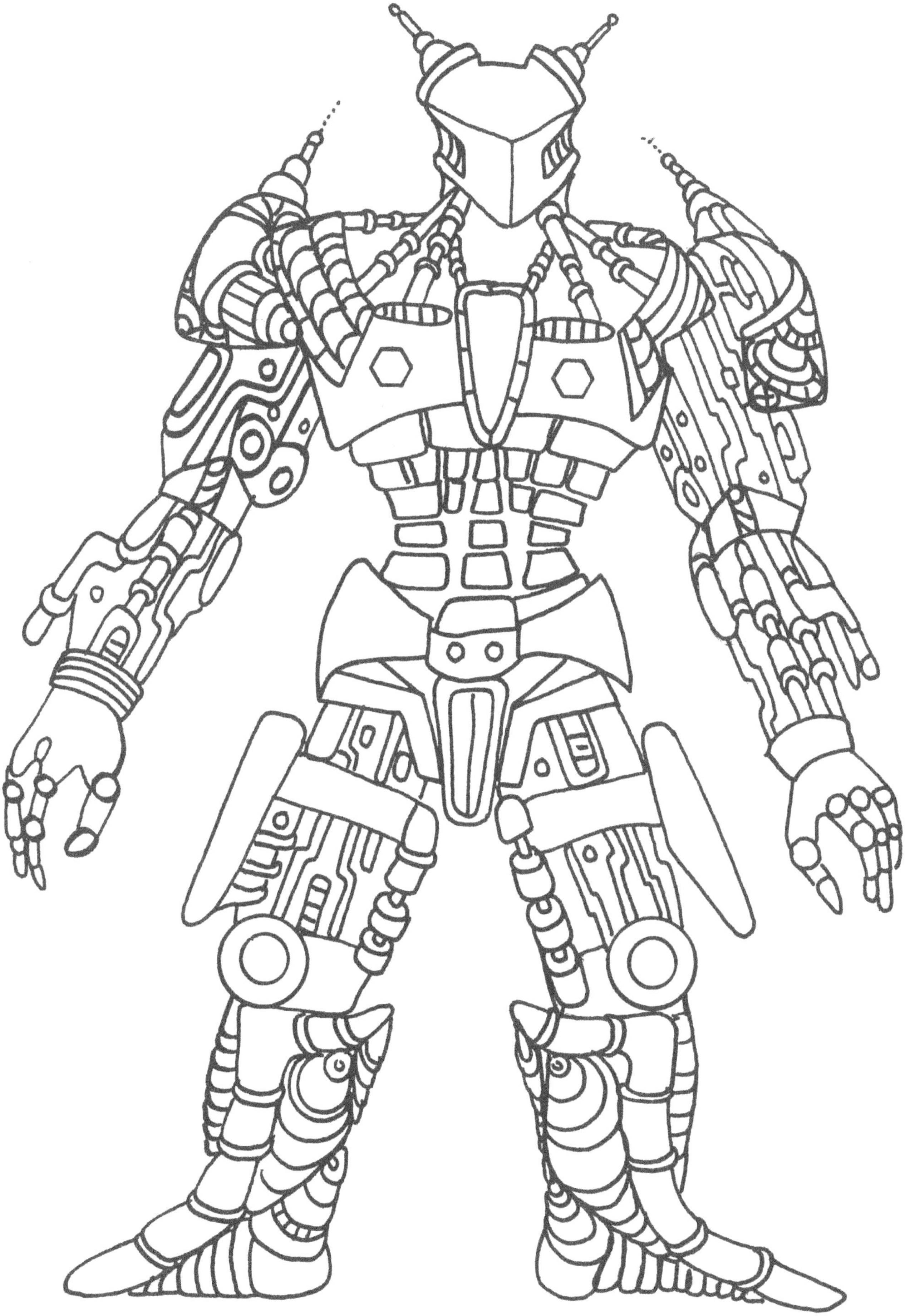

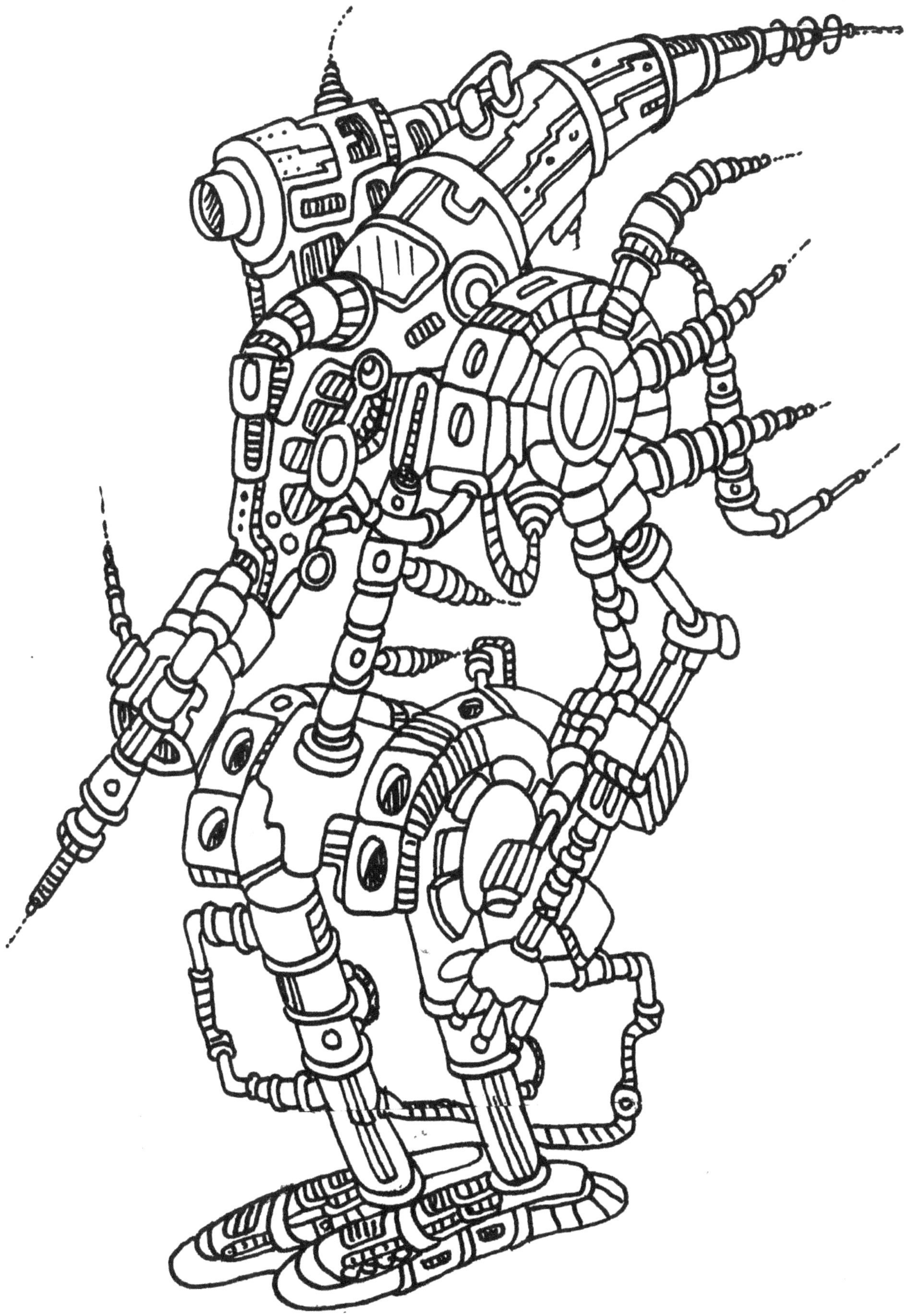

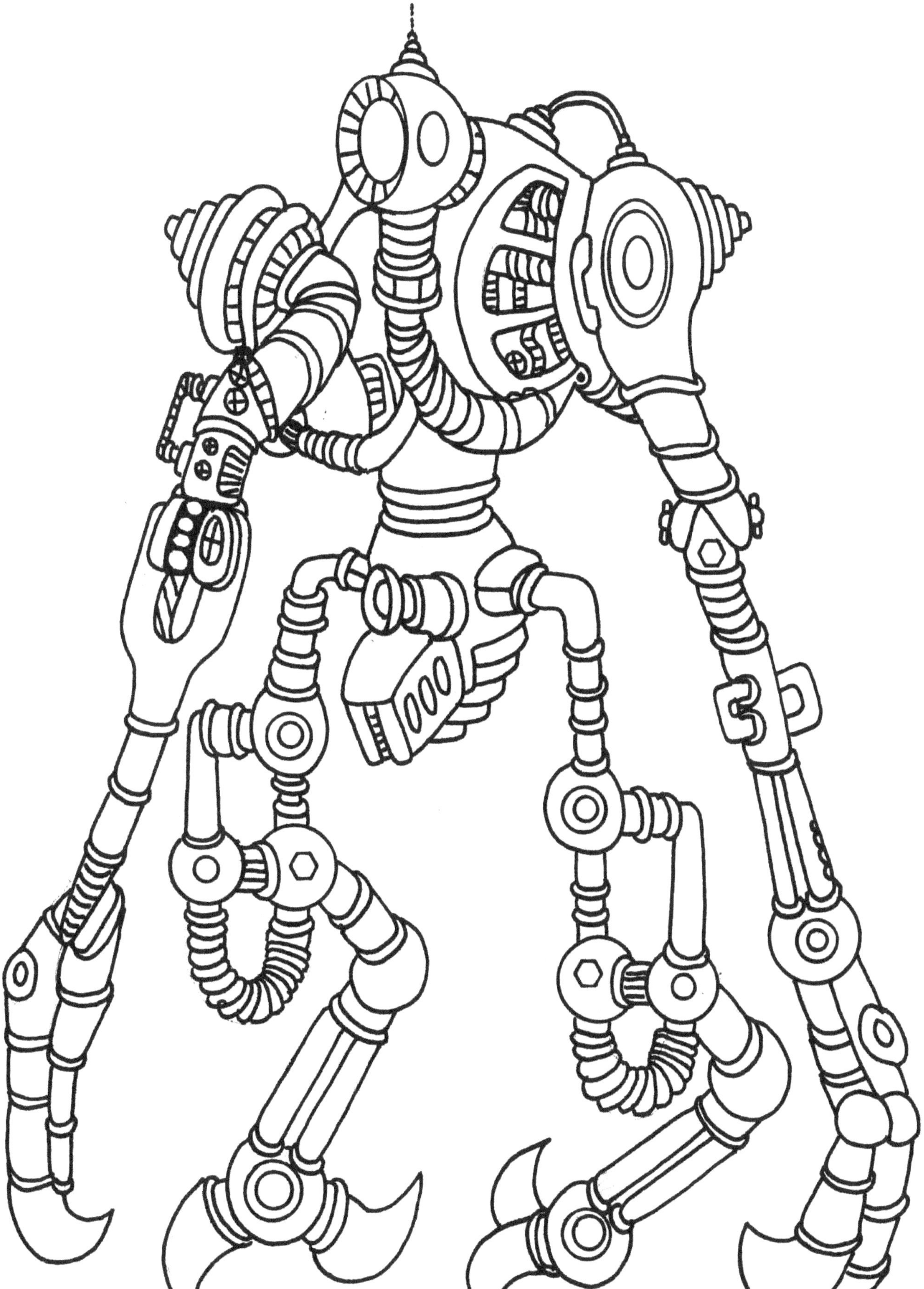

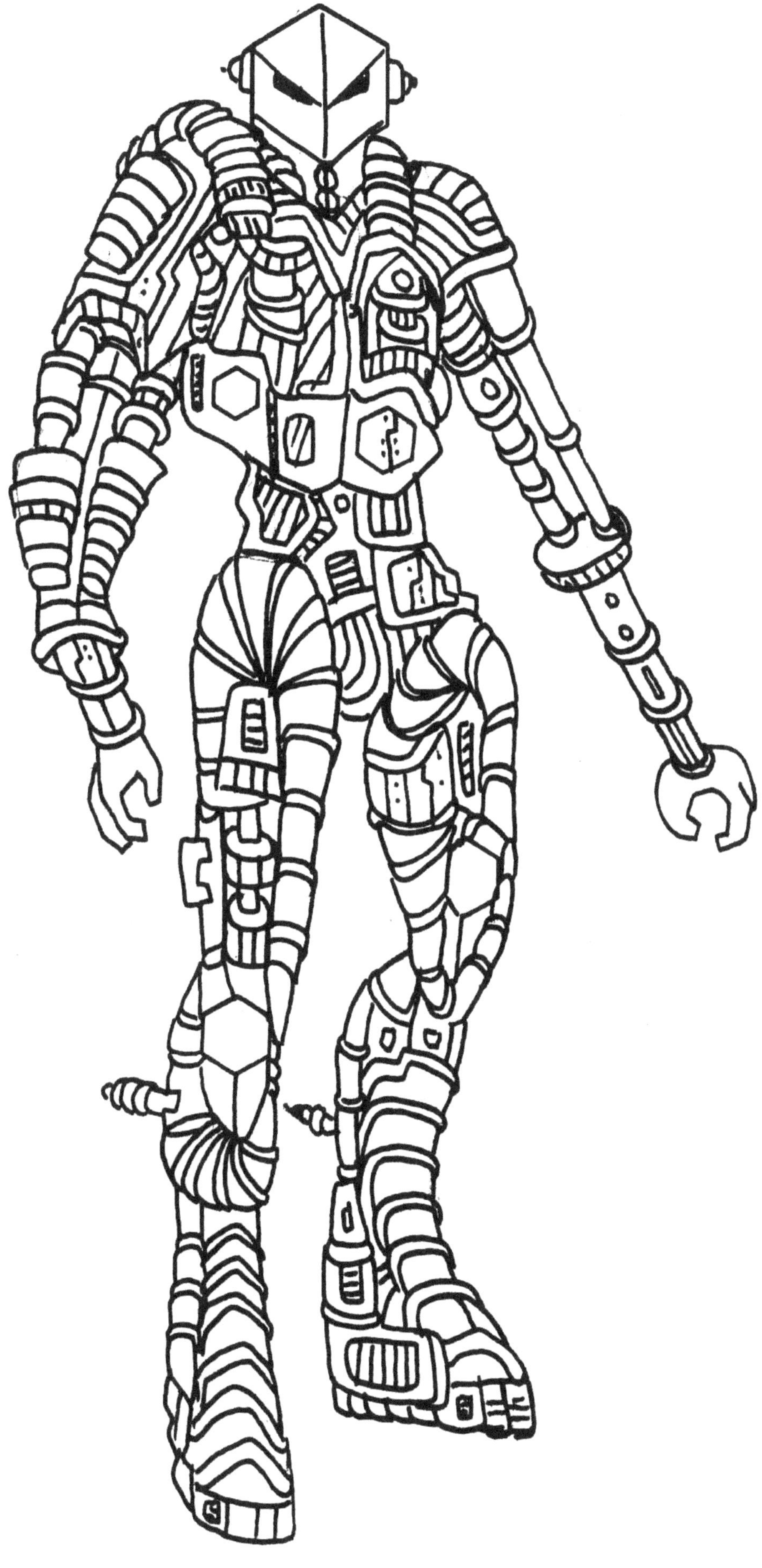

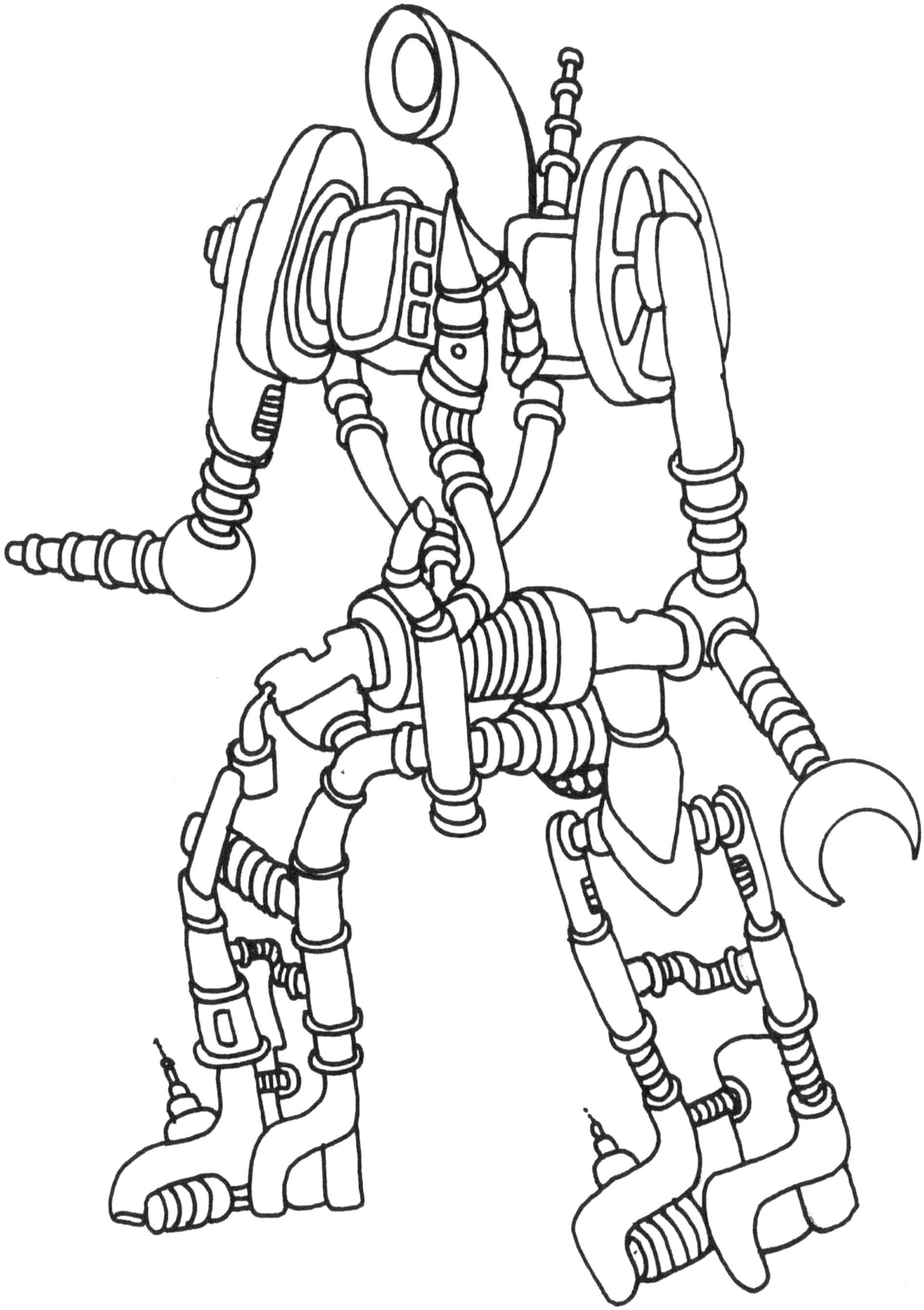

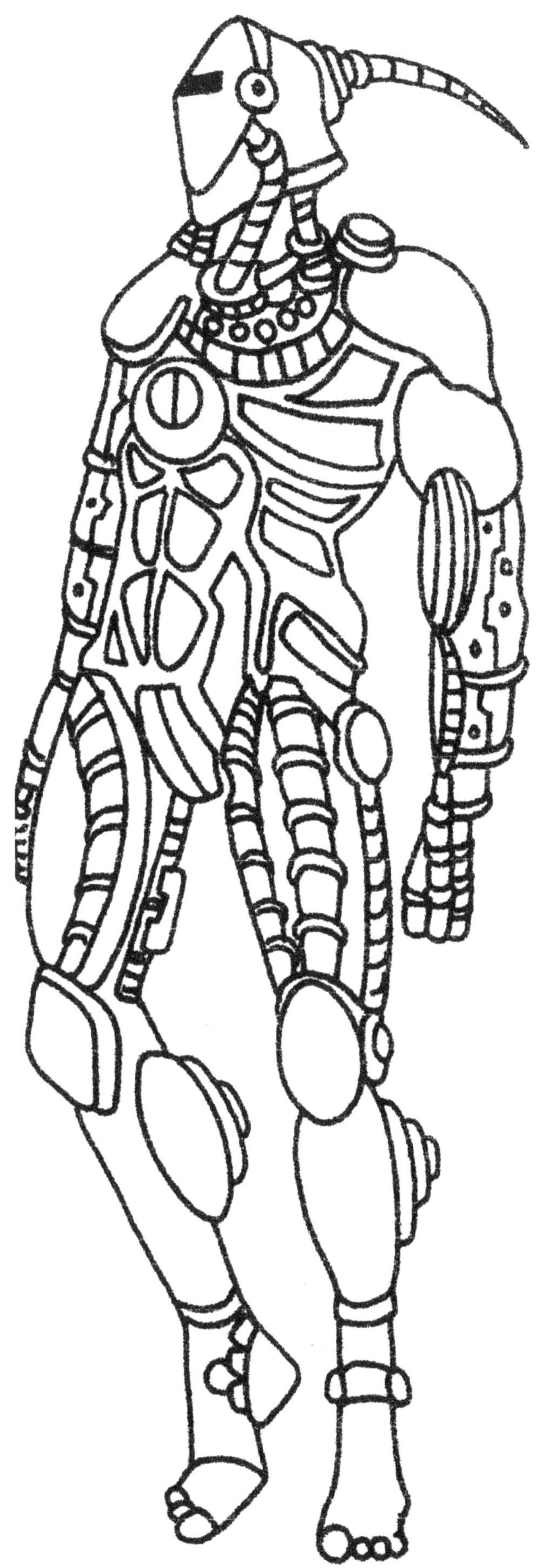

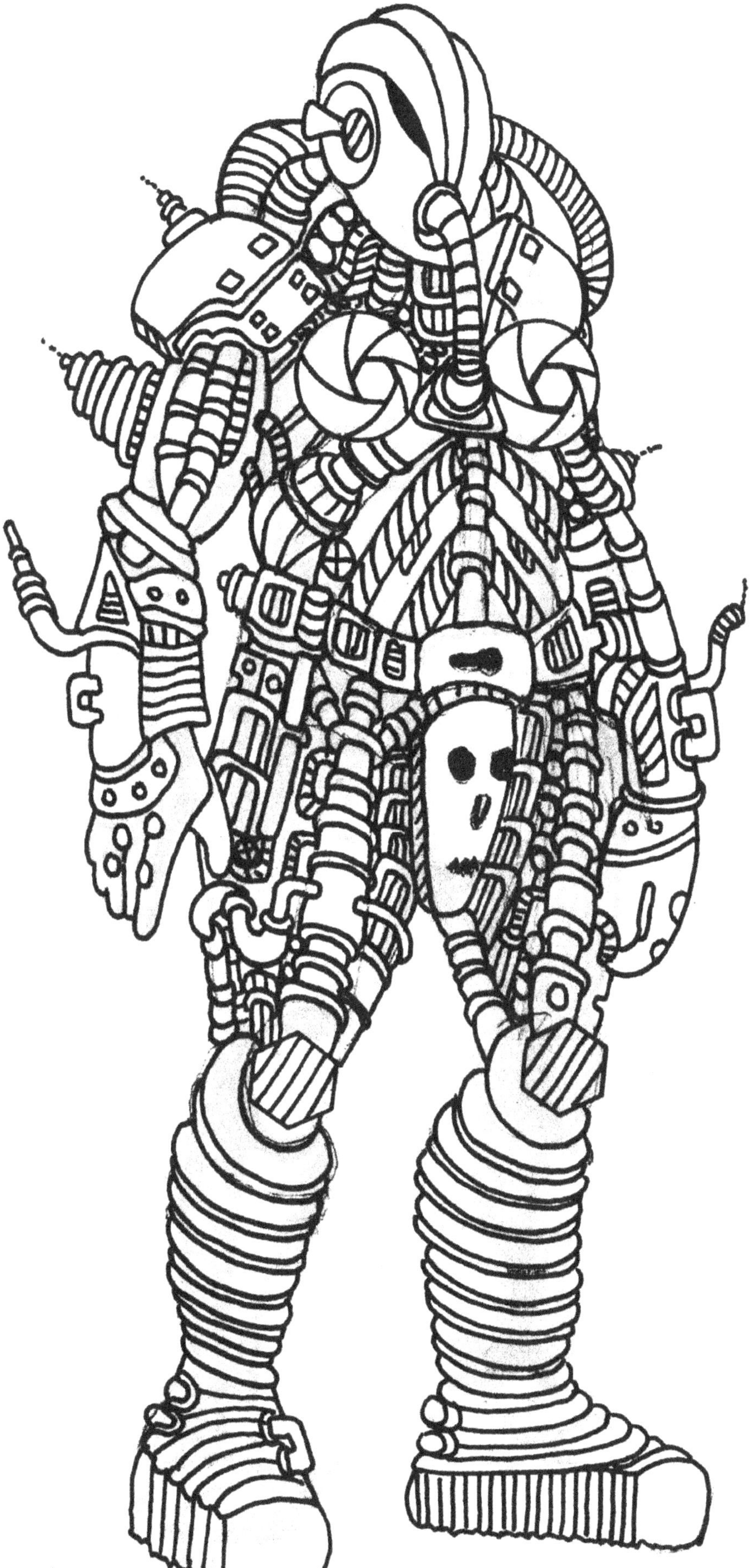

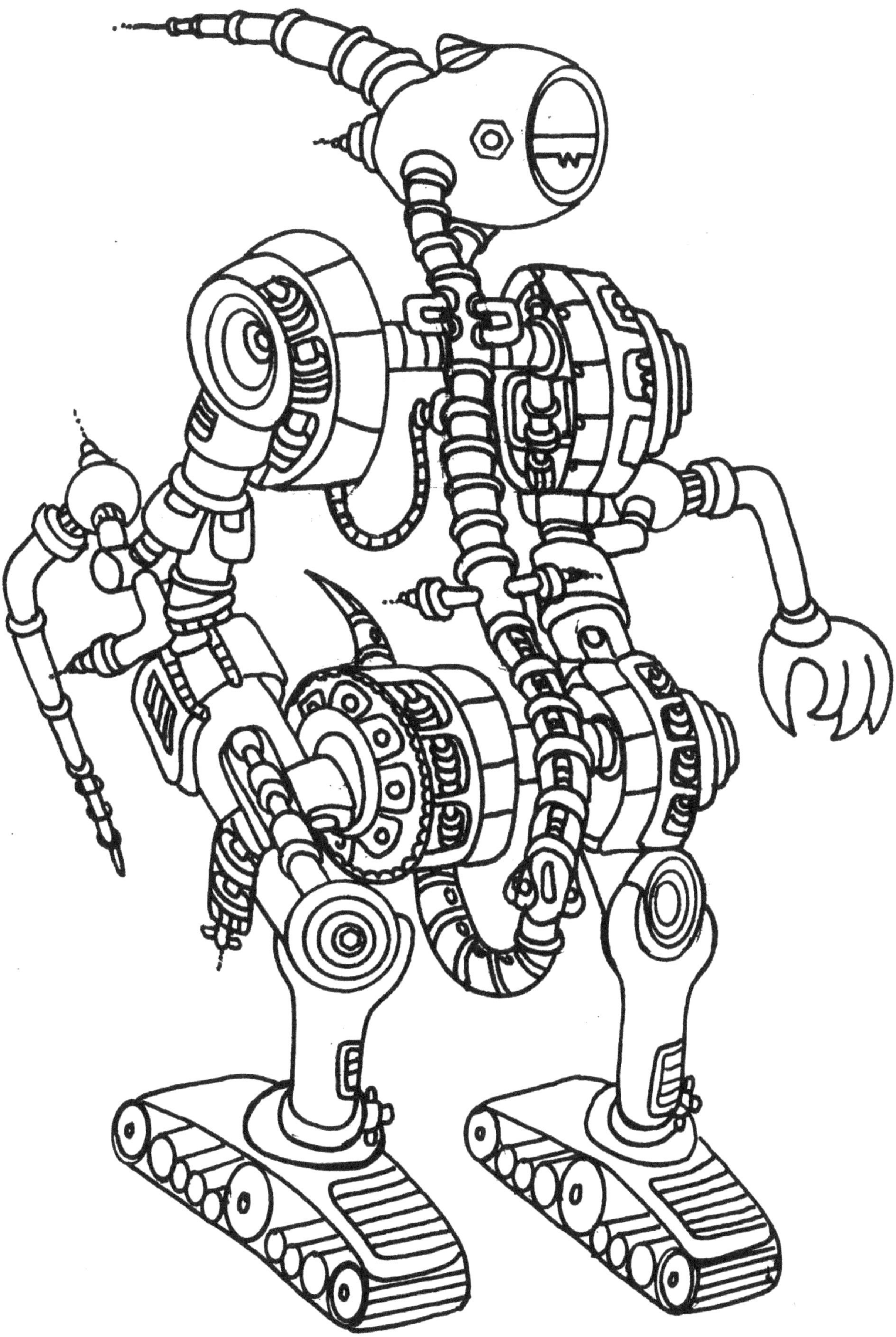

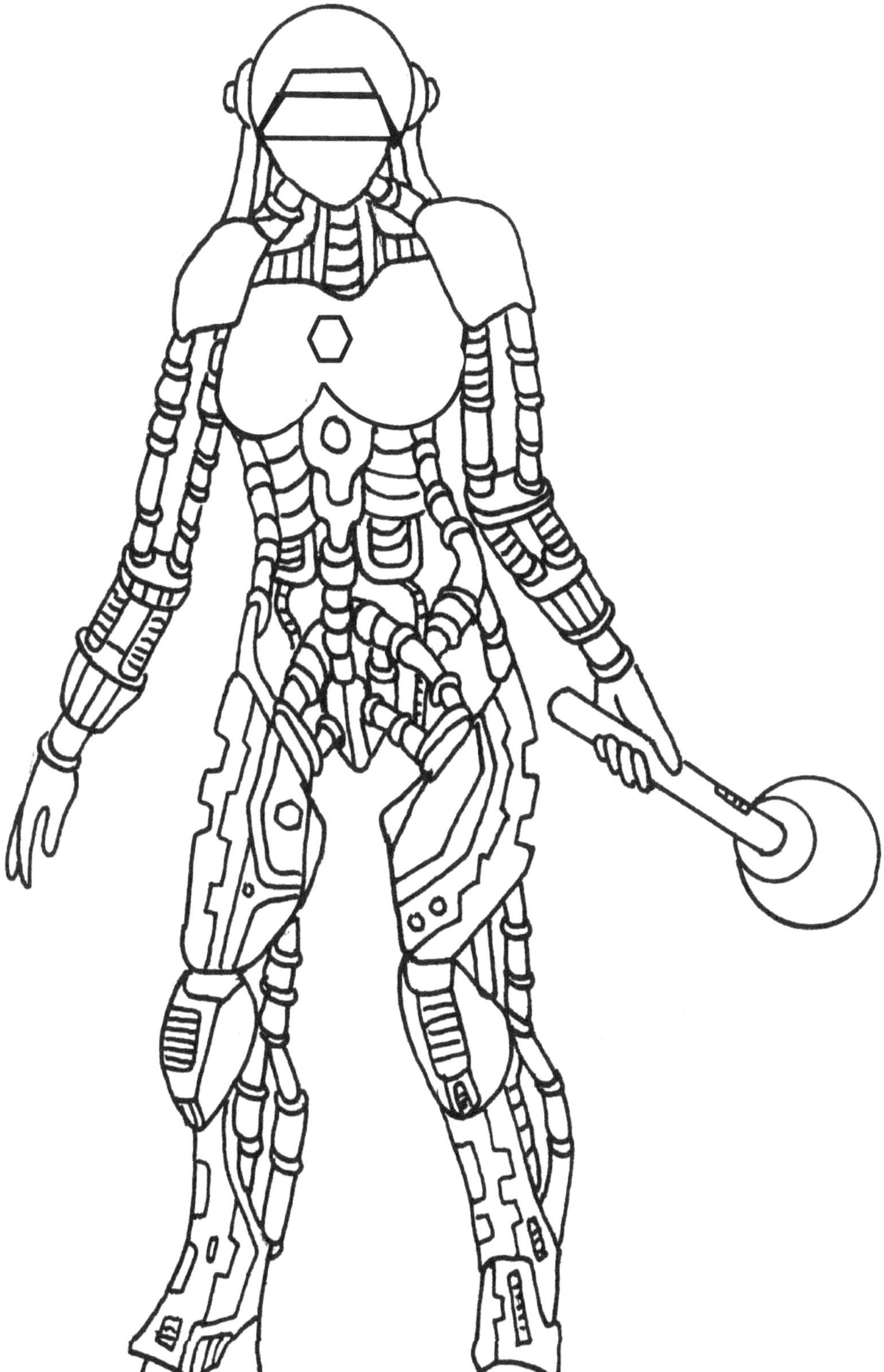

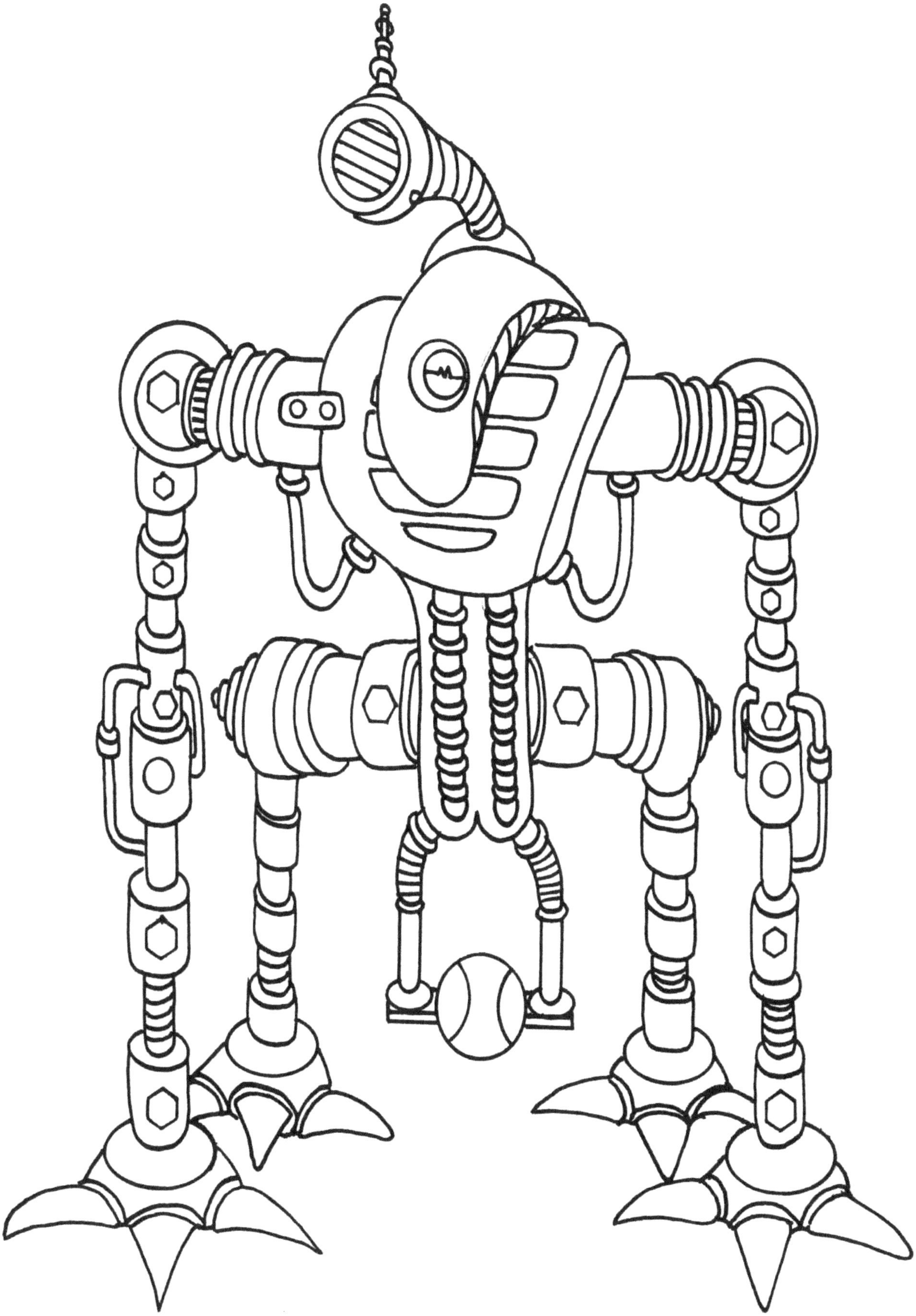

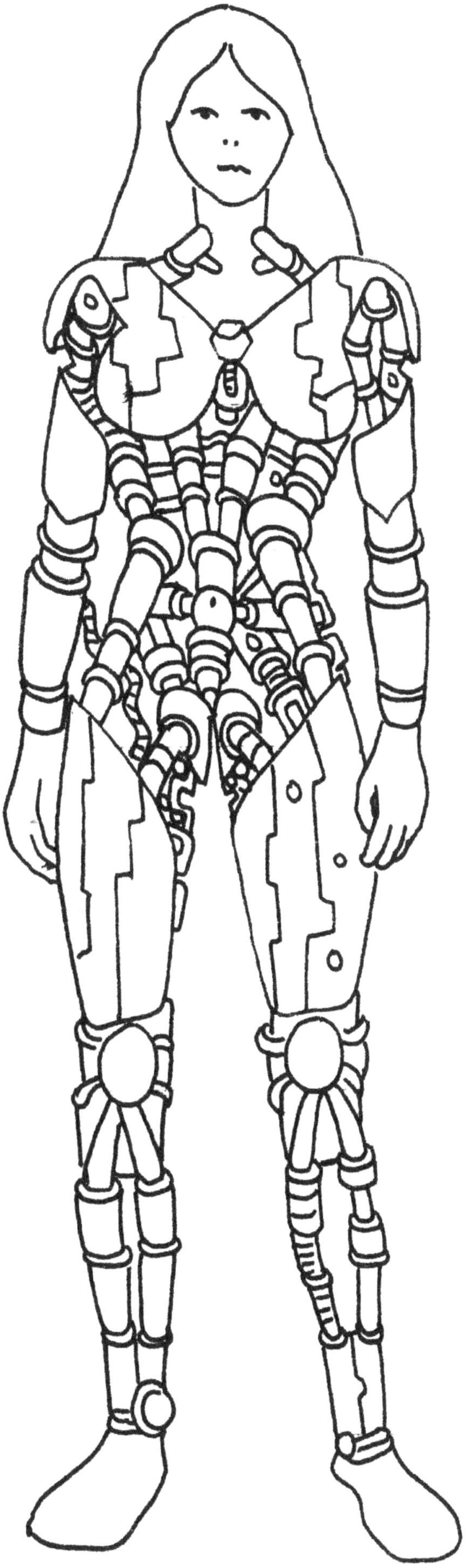

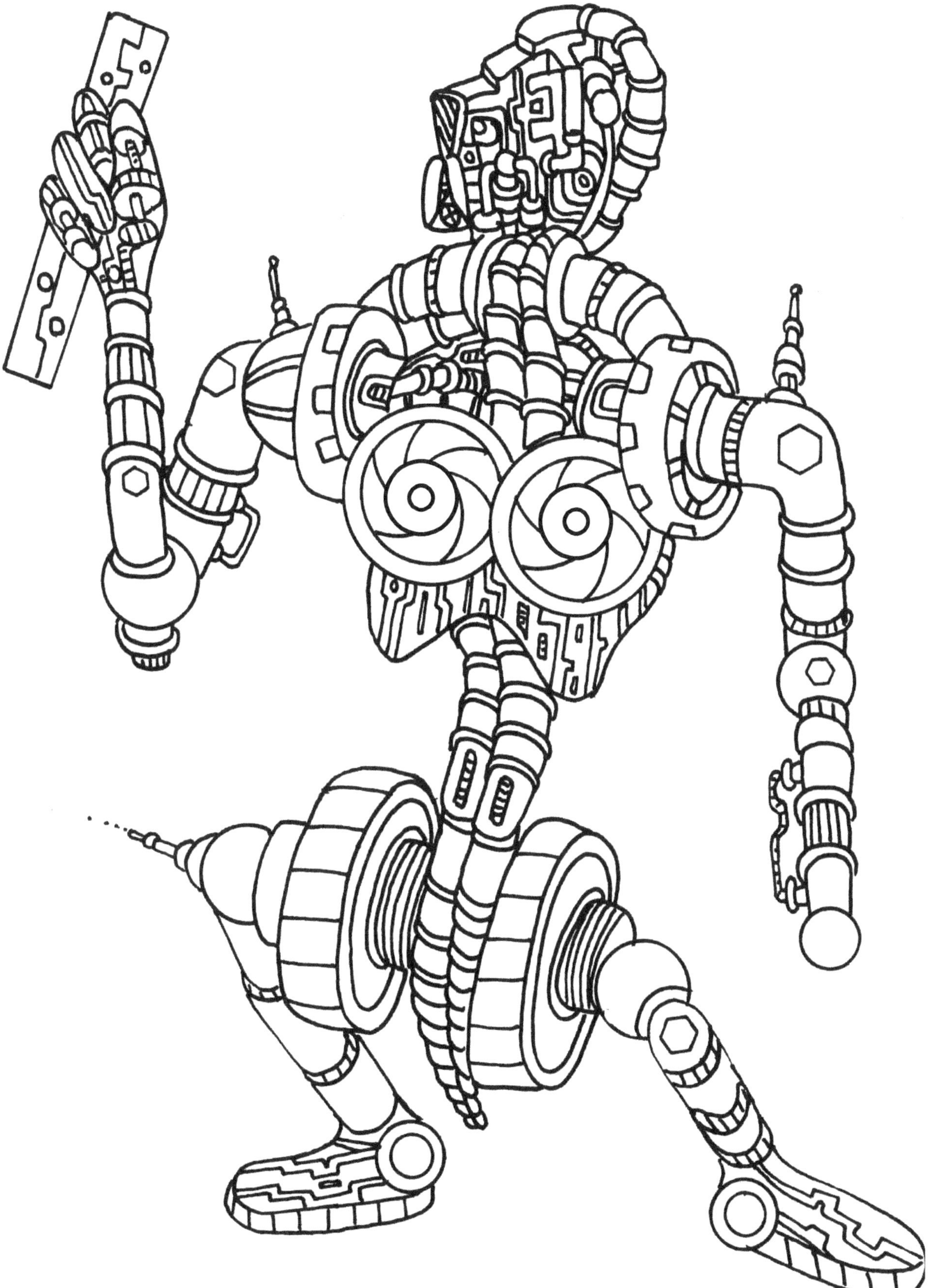

www.ingramcontent.com/pod-product-compliance
Lightning Source LLC
Chambersburg PA
CBHW081307180526
45170CB00007B/2595
* 9 7 8 1 5 4 6 5 1 0 4 2 0 *